PINHOK™
LANGUAGES

www.pinhok.com

Introduction

This Book

This vocabulary book is a curated word frequency list with 2000 of the most commonly used words and phrases. It is not a conventional all-in-one language learning book but rather strives to streamline the learning process by concentrating on early acquisition of the core vocabularies. The result is a unique vocabulary book ideal for driven learners and language hackers.

Learning Community

If you find this book helpful, do us and other fellow learners a favour and leave a comment wherever you bought this book explaining how you use this book in your learning process. Your thoughts and experiences can help and have a positive impact on numerous other language learners around the world. We are looking forward to your stories and thank you in advance for your insights!

Pinhok Languages

Pinhok Languages strives to create language learning products that support learners around the world in their mission of learning a new language. In doing so, we combine best practice from various fields and industries to come up with innovative products and material.

The Pinhok Team hopes this book can help you with your learning process and gets you to your goal faster. Should you be interested in finding out more about us, please go to our website www.pinhok.com. For feedback, error reports, criticism or simply a quick "hi", please also go to our website and use the contact form.

Disclaimer of Liability

THIS BOOK IS PROVIDED "AS IS", WITHOUT WARRANTY OF ANY KIND, EXPRESSED OR IMPLIED, INCLUDING BUT NOT LIMITED TO THE WARRANTIES OF MERCHANTABILITY, FITNESS FOR A PARTICULAR PURPOSE AND NONINFRINGEMENT. IN NO EVENT SHALL THE AUTHORS OR COPYRIGHT HOLDERS BE LIABLE FOR ANY CLAIM, DAMAGES OR OTHER LIABILITY, WHETHER IN AN ACTION OF CONTRACT, TORT OR OTHERWISE, ARISING FROM, OUT OF OR IN CONNECTION WITH THE BOOK OR THE USE OR OTHER DEALINGS IN THE BOOK.

I	Я (YA)
you (singular)	ти (ty)
he	він (vin)
she	вона (vona)
it	воно (vono)
we	ми (my)
you (plural)	ви (vy)
they	вони (vony)
what	що (shcho)
who	хто (khto)
where	де (de)
why	чому (chomu)
how	як (yak)
which	який (yakyy)
when	коли (koly)
then	тоді (todi)
if	якщо (yakshcho)
really	дійсно (diysno)
but	але (ale)
because	тому що (tomu shcho)
not	не (ne)
this	цей (tsey)
I need this	Мені це потрібно (Meni tse potribno)
How much is this?	Скільки це коштує? (Skil'ky tse koshtuye?)
that	той (toy)

all	всі (vsi)
or	або (abo)
and	і (i)
to know	знати (znaty)
I know	Я знаю (YA znayu)
I don't know	Я не знаю (YA ne znayu)
to think	думати (dumaty)
to come	приходити (prykhodyty)
You definitely have to come	Ви обов'язково повинні прийти (Vy obov'yazkovo povynni pryyty)
to put	класти (klasty)
to take	брати (braty)
to find	знаходити (znakhodyty)
to listen	слухати (slukhaty)
to work	працювати (pratsyuvaty)
to talk	розмовляти (rozmovlyaty)
to give (somebody something)	давати (davaty)
to like	любити (lyubyty)
to help	допомагати (dopomahaty)
Can you help me?	Ви можете мені допомогти? (Vy mozhete meni dopomohty?)
to love	кохати (kokhaty)
to call	телефонувати (telefonuvaty)
to wait	чекати (chekaty)
I like you	Ти мені подобаєшся (Ty meni podobayeshsya)
I don't like this	Мені це не подобається (Meni tse ne podobayet'sya)
Do you love me?	Ти мене кохаєш? (Ty mene kokhayesh?)

51 - 75

I love you	Я тебе кохаю (YA tebe kokhayu)
0	нуль (nul')
1	один (odyn)
2	два (dva)
3	три (try)
4	чотири (chotyry)
5	п'ять (p'yat')
6	шість (shist')
7	сім (sim)
8	вісім (visim)
9	дев'ять (dev'yat')
10	десять (desyat')
11	одинадцять (odynadtsyat')
12	дванадцять (dvanadtsyat')
13	тринадцять (trynadtsyat')
14	чотирнадцять (chotyrnadtsyat')
15	п'ятнадцять (p'yatnadtsyat')
16	шістнадцять (shistnadtsyat')
17	сімнадцять (simnadtsyat')
18	вісімнадцять (visimnadtsyat')
19	дев'ятнадцять (dev'yatnadtsyat')
20	двадцять (dvadtsyat')
new	новий (novyy)
old (not new)	старий (staryy)
few	мало (malo)

many	багато (bahato)
how much?	скільки? (skil'ky?)
how many?	скільки? (skil'ky?)
wrong	неправильний (nepravyl'nyy)
correct	правильний (pravyl'nyy)
bad	поганий (pohanyy)
good	хороший (khoroshyy)
happy	щасливий (shchaslyvyy)
short (length)	короткий (korotkyy)
long	довгий (dovhyy)
small	маленький (malen'kyy)
big	великий (velykyy)
there	там (tam)
here	тут (tut)
right	правий (pravyy)
left	лівий (livyy)
beautiful	прекрасний (prekrasnyy)
young	молодий (molodyy)
old (not young)	старий (staryy)
hello	вітаю (vitayu)
see you later	побачимось (pobachymos')
ok	добре (dobre)
take care	бережи себе (berezhy sebe)
don't worry	не хвилюйся (ne khvylyuysya)
of course	звичайно (zvychayno)

good day	добрий день (dobryy den')
hi	привіт (pryvit)
bye bye	бувай (buvay)
good bye	до побачення (do pobachennya)
excuse me	перепрошую (pereproshuyu)
sorry	вибачте (vybachte)
thank you	дякую (dyakuyu)
please	будь ласка (bud' laska)
I want this	Я хочу це (YA khochu tse)
now	зараз (zaraz)
afternoon	після обіду (pislya obidu)
morning (9:00-11:00)	(M) ранок (ranok)
night	(F) ніч (nich)
morning (6:00-9:00)	(M) ранок (ranok)
evening	(M) вечір (vechir)
noon	(M) полудень (poluden')
midnight	(F) північ (pivnich)
hour	(F) година (hodyna)
minute	(F) хвилина (khvylyna)
second (time)	(F) секунда (sekunda)
day	(M) день (den')
week	(M) тиждень (tyzhden')
month	(M) місяць (misyats')
year	(M) рік (rik)
time	(M) час (chas)

date (time)	(F) дата (data)
the day before yesterday	позавчора (pozavchora)
yesterday	вчора (vchora)
today	сьогодні (s'ohodni)
tomorrow	завтра (zavtra)
the day after tomorrow	післязавтра (pislyazavtra)
Monday	(M) понеділок (ponedilok)
Tuesday	(M) вівторок (vivtorok)
Wednesday	(F) середа (sereda)
Thursday	(M) четвер (chetver)
Friday	(F) п'ятниця (p'yatnytsya)
Saturday	(F) субота (subota)
Sunday	(F) неділя (nedilya)
Tomorrow is Saturday	Завтра субота (Zavtra subota)
life	(N) життя (zhyttya)
woman	(F) жінка (zhinka)
man	(M) чоловік (cholovik)
love	(N) кохання (kokhannya)
boyfriend	(M) хлопець (khlopets')
girlfriend	(F) дівчина (divchyna)
friend	(M) друг (druh)
kiss	(M) поцілунок (potsilunok)
sex	(M) секс (seks)
child	(F) дитина (dytyna)
baby	(M) малюк (malyuk)

151 - 175

girl	(F) **дівчина** (divchyna)
boy	(M) **хлопчик** (khlopchyk)
mum	(F) **мама** (mama)
dad	(M) **тато** (tato)
mother	(F) **мати** (maty)
father	(M) **батько** (bat'ko)
parents	(PL) **батьки** (bat'ky)
son	(M) **син** (syn)
daughter	(F) **дочка** (dochka)
little sister	(F) **молодша сестра** (molodsha sestra)
little brother	(M) **молодший брат** (molodshyy brat)
big sister	(F) **старша сестра** (starsha sestra)
big brother	(M) **старший брат** (starshyy brat)
to stand	**стояти** (stoyaty)
to sit	**сидіти** (sydity)
to lie	**лежати** (lezhaty)
to close	**закривати** (zakryvaty)
to open (e.g. a door)	**відкривати** (vidkryvaty)
to lose	**програвати** (prohravaty)
to win	**вигравати** (vyhravaty)
to die	**вмирати** (vmyraty)
to live	**жити** (zhyty)
to turn on	**вмикати** (vmykaty)
to turn off	**вимикати** (vymykaty)
to kill	**вбивати** (vbyvaty)

to injure	травмувати (travmuvaty)
to touch	доторкатися (dotorkatysya)
to watch	дивитися (dyvytysya)
to drink	пити (pyty)
to eat	їсти (yisty)
to walk	ходити (khodyty)
to meet	зустріти (zustrity)
I am looking forward to seeing you	Я з нетерпінням чекаю зустрічі з вами (YA z neterpinnyam chekayu zustrichi z vamy)
to bet	битися об заклад (bytysya ob zaklad)
to kiss	поцілувати (potsiluvaty)
to follow	слідувати (sliduvaty)
to marry	одружуватись (odruzhuvatys')
to answer	відповідати (vidpovidaty)
to ask	запитувати (zapytuvaty)
question	(N) питання (pytannya)
company	(F) компанія (kompaniya)
business	(M) бізнес (biznes)
job	(F) робота (robota)
money	(PL) гроші (hroshi)
telephone	(M) телефон (telefon)
office	(M) офіс (ofis)
doctor	(M) доктор (doktor)
hospital	(F) лікарня (likarnya)
nurse	(F) медсестра (medsestra)
policeman	(M) поліцейський (politseys'kyy)

president (of a state)	(M) президент (prezydent)
Do you have a phone?	У тебе є телефон? (U tebe ye telefon?)
My telephone number is one four three two eight seven five four three	Мій номер телефону один чотири три два вісім сім п'ять чотири три (Miy nomer telefonu odyn chotyry try dva visim sim p'yat' chotyry try)
white	білий (bilyy)
black	чорний (chornyy)
red	червоний (chervonyy)
blue	синій (syniy)
green	зелений (zelenyy)
yellow	жовтий (zhovtyy)
slow	повільний (povil'nyy)
quick	швидкий (shvydkyy)
funny	кумедний (kumednyy)
unfair	несправедливий (nespravedlyvyy)
fair	справедливий (spravedlyvyy)
difficult	важкий (vazhkyy)
easy	легкий (lehkyy)
This is difficult	Це важко (Tse vazhko)
rich	багатий (bahatyy)
poor	бідний (bidnyy)
strong	сильний (syl'nyy)
weak	слабкий (slabkyy)
safe (adjective)	безпечний (bezpechnyy)
tired	втомлений (vtomlenyy)
proud	гордий (hordyy)
full (from eating)	ситий (sytyy)

sick	хворий (khvoryy)
healthy	здоровий (zdorovyy)
angry	сердитий (serdytyy)
low	низький (nyz'kyy)
high	високий (vysokyy)
straight (line)	прямий (pryamyy)
every	кожний (kozhnyy)
always	завжди (zavzhdy)
actually	насправді (naspravdi)
again	знову (znovu)
already	вже (vzhe)
less	менше (menshe)
most	найбільше (naybil'she)
more	більше (bil'she)
I want more	Я хочу ще (YA khochu shche)
none	жоден (zhoden)
very	дуже (duzhe)
animal	(F) тварина (tvaryna)
pig	(F) свиня (svynya)
cow	(F) корова (korova)
horse	(M) кінь (kin')
dog	(M) собака (sobaka)
sheep	(F) вівця (vivtsya)
monkey	(F) мавпа (mavpa)
cat	(F) кішка (kishka)

bear	(M) ведмідь (vedmid')
chicken (animal)	(F) курка (kurka)
duck	(F) качка (kachka)
butterfly	(M) метелик (metelyk)
bee	(F) бджола (bdzhola)
fish (animal)	(F) риба (ryba)
Usually I don't eat fish	Зазвичай, я не їм рибу (Zazvychay, ya ne yim rybu)
spider	(M) павук (pavuk)
snake	(F) змія (zmiya)
I have a dog	У мене є собака (U mene ye sobaka)
outside	ззовні (zzovni)
inside	всередині (vseredyni)
far	далекий (dalekyy)
close	близький (blyz'kyy)
below	під (pid)
above	над (nad)
beside	поруч (poruch)
front	передній (peredniy)
back (position)	задній (zadniy)
sweet	солодкий (solodkyy)
sour	кислий (kyslyy)
strange	дивний (dyvnyy)
soft	м'який (m'yakyy)
hard	твердий (tverdyy)
cute	милий (mylyy)

stupid	тупий (tupyy)
crazy	божевільний (bozhevil'nyy)
busy	зайнятий (zaynyatyy)
tall	високий (vysokyy)
short (height)	низький (nyz'kyy)
worried	стурбований (sturbovanyy)
surprised	здивований (zdyvovanyy)
cool	крутий (krutyy)
well-behaved	гречний (hrechnyy)
evil	злий (zlyy)
clever	розумний (rozumnyy)
cold (adjective)	холодний (kholodnyy)
hot (temperature)	спекотний (spekotnyy)
head	(F) голова (holova)
nose	(M) ніс (nis)
hair	(N) волосся (volossya)
mouth	(M) рот (rot)
ear	(N) вухо (vukho)
eye	(N) око (oko)
hand	(F) рука (ruka)
foot	(F) ступня (stupnya)
heart	(N) серце (sertse)
brain	(M) мозок (mozok)
to pull (... open)	тягнути (tyahnuty)
to push (... open)	штовхати (shtovkhaty)

to press (a button)	натискати (natyskaty)
to hit	бити (byty)
to catch	ловити (lovyty)
to fight	битися (bytysya)
to throw	кидати (kydaty)
to run	бігати (bihaty)
to read	читати (chytaty)
to write	писати (pysaty)
to fix	ремонтувати (remontuvaty)
to count	рахувати (rakhuvaty)
to cut	вирізати (vyrizaty)
to sell	продавати (prodavaty)
to buy	купувати (kupuvaty)
to pay	платити (platyty)
to study	вчитися (vchytysya)
to dream	мріяти (mriyaty)
to sleep	спати (spaty)
to play	грати (hraty)
to celebrate	святкувати (svyatkuvaty)
to rest	відпочивати (vidpochyvaty)
to enjoy	насолоджуватися (nasolodzhuvatysya)
to clean	чистити (chystyty)
school	(F) школа (shkola)
house	(M) будинок (budynok)
door	(PL) двері (dveri)

husband	(M) **чоловік** (cholovik)
wife	(F) **дружина** (druzhyna)
wedding	(N) **весілля** (vesillya)
person	(F) **людина** (lyudyna)
car	(M) **автомобіль** (avtomobil')
home	(M) **дім** (dim)
city	(N) **місто** (misto)
number	(N) **число** (chyslo)
21	**двадцять один** (dvadtsyat' odyn)
22	**двадцять два** (dvadtsyat' dva)
26	**двадцять шість** (dvadtsyat' shist')
30	**тридцять** (trydtsyat')
31	**тридцять один** (trydtsyat' odyn)
33	**тридцять три** (trydtsyat' try)
37	**тридцять сім** (trydtsyat' sim)
40	**сорок** (sorok)
41	**сорок один** (sorok odyn)
44	**сорок чотири** (sorok chotyry)
48	**сорок вісім** (sorok visim)
50	**п'ятдесят** (p'yatdesyat)
51	**п'ятдесят один** (p'yatdesyat odyn)
55	**п'ятдесят п'ять** (p'yatdesyat p'yat')
59	**п'ятдесят дев'ять** (p'yatdesyat dev'yat')
60	**шістдесят** (shistdesyat)
61	**шістдесят один** (shistdesyat odyn)

62	**шістдесят два** (shistdesyat dva)
66	**шістдесят шість** (shistdesyat shist')
70	**сімдесят** (simdesyat)
71	**сімдесят один** (simdesyat odyn)
73	**сімдесят три** (simdesyat try)
77	**сімдесят сім** (simdesyat sim)
80	**вісімдесят** (visimdesyat)
81	**вісімдесят один** (visimdesyat odyn)
84	**вісімдесят чотири** (visimdesyat chotyry)
88	**вісімдесят вісім** (visimdesyat visim)
90	**дев'яносто** (dev'yanosto)
91	**дев'яносто один** (dev'yanosto odyn)
95	**дев'яносто п'ять** (dev'yanosto p'yat)
99	**дев'яносто дев'ять** (dev'yanosto dev'yat')
100	**сто** (sto)
1000	**одна тисяча** (odna tysyacha)
10.000	**десять тисяч** (desyat' tysyach)
100.000	**сто тисяч** (sto tysyach)
1.000.000	**один мільйон** (odyn mil'yon)
my dog	**мій собака** (miy sobaka)
your cat	**твоя кішка** (tvoya kishka)
her dress	**її сукня** (yiyi suknya)
his car	**його автомобіль** (yoho avtomobil')
its ball	**його м'яч** (yoho m'yach)
our home	**наш дім** (nash dim)

your team	ваша команда (vasha komanda)
their company	їхня компанія (yikhnya kompaniya)
everybody	кожен (kozhen)
together	разом (razom)
other	інший (inshyy)
doesn't matter	не має значення (ne maye znachennya)
cheers	будьмо (bud'mo)
relax	заспокойся (zaspokoysya)
I agree	я погоджуюсь (ya pohodzhuyus')
welcome	ласкаво просимо (laskavo prosymo)
no worries	не турбуйся (ne turbuysya)
turn right	поверніть праворуч (povernit' pravoruch)
turn left	поверніть ліворуч (povernit' livoruch)
go straight	йдіть прямо (ydit' pryamo)
Come with me	Ходімо зі мною (Khodimo zi mnoyu)
egg	(N) яйце (yaytse)
cheese	(M) сир (syr)
milk	(N) молоко (moloko)
fish (to eat)	(F) риба (ryba)
meat	(N) м'ясо (m'yaso)
vegetable	(M) овоч (ovoch)
fruit	(M) фрукт (frukt)
bone (food)	(F) кістка (kistka)
oil	(F) олія (oliya)
bread	(M) хліб (khlib)

sugar	(M) цукор (tsukor)
chocolate	(M) шоколад (shokolad)
candy	(F) цукерка (tsukerka)
cake	(M) торт (tort)
drink	(M) напій (napiy)
water	(F) вода (voda)
soda	(F) газована вода (hazovana voda)
coffee	(F) кава (kava)
tea	(M) чай (chay)
beer	(N) пиво (pyvo)
wine	(N) вино (vyno)
salad	(M) салат (salat)
soup	(M) суп (sup)
dessert	(M) десерт (desert)
breakfast	(M) сніданок (snidanok)
lunch	(M) ланч (lanch)
dinner	(F) вечеря (vecherya)
pizza	(F) піца (pitsa)
bus	(M) автобус (avtobus)
train	(M) поїзд (poyizd)
train station	(F) залізнична станція (zaliznychna stantsiya)
bus stop	(F) автобусна зупинка (avtobusna zupynka)
plane	(M) літак (litak)
ship	(M) корабель (korabel')
lorry	(F) вантажівка (vantazhivka)

bicycle	(M) велосипед (velosyped)
motorcycle	(M) мотоцикл (mototsykl)
taxi	(N) таксі (taksi)
traffic light	(M) світлофор (svitlofor)
car park	(F) парковка (parkovka)
road	(F) дорога (doroha)
clothing	(M) одяг (odyah)
shoe	(M) черевик (cherevyk)
coat	(N) пальто (pal'to)
sweater	(M) светр (svetr)
shirt	(F) сорочка (sorochka)
jacket	(F) куртка (kurtka)
suit	(M) костюм (kostyum)
trousers	(PL) штани (shtany)
dress	(F) сукня (suknya)
T-shirt	(F) футболка (futbolka)
sock	(F) шкарпетка (shkarpetka)
bra	(M) бюстгальтер (byusthal'ter)
underpants	(PL) труси (trusy)
glasses	(PL) окуляри (okulyary)
handbag	(F) сумочка (sumochka)
purse	(F) дамська сумочка (dams'ka sumochka)
wallet	(M) гаманець (hamanets')
ring	(F) каблучка (kabluchka)
hat	(M) капелюх (kapelyukh)

watch	(M) **годинник** (hodynnyk)
pocket	(F) **кишеня** (kyshenya)
What's your name?	**Як ваше ім'я?** (Yak vashe im'ya?)
My name is David	**Моє ім'я Девід** (Moye im'ya Devid)
I'm 22 years old	**Мені 22 роки** (Meni 22 roky)
Sorry, I'm a little late	**Вибачте, я трохи запізнююсь** (Vybachte, ya trokhy zapiznyuyus')
How are you?	**Як ти?** (Yak ty?)
Are you ok?	**З тобою все в порядку?** (Z toboyu vse v poryadku?)
Where is the toilet?	**Де знаходиться туалет?** (De znakhodyt'sya tualet?)
I miss you	**Я сумую за тобою** (YA sumuyu za toboyu)
spring	(F) **весна** (vesna)
summer	(N) **літо** (lito)
autumn	(F) **осінь** (osin')
winter	(F) **зима** (zyma)
January	(M) **січень** (sichen')
February	(M) **лютий** (lyutyy)
March	(M) **березень** (berezen')
April	(M) **квітень** (kviten')
May	(M) **травень** (traven')
June	(M) **червень** (cherven')
July	(M) **липень** (lypen')
August	(M) **серпень** (serpen')
September	(M) **вересень** (veresen')
October	(M) **жовтень** (zhovten')
November	(M) **листопад** (lystopad)

December	(M) грудень (hruden')
shopping	(M) шопінг (shopinh)
bill	(M) рахунок (rakhunok)
market	(M) ринок (rynok)
supermarket	(M) супермаркет (supermarket)
building	(F) будівля (budivlya)
apartment	(F) квартира (kvartyra)
university	(M) університет (universytet)
farm	(F) ферма (ferma)
church	(F) церква (tserkva)
restaurant	(M) ресторан (restoran)
bar	(M) бар (bar)
gym	(M) фітнес-центр (fitnes-tsentr)
park	(M) парк (park)
toilet (public)	(M) туалет (tualet)
map	(F) карта (karta)
ambulance	(F) швидка допомога (shvydka dopomoha)
police	(F) поліція (politsiya)
gun	(M) пістолет (pistolet)
firefighters	(PL) пожежники (pozhezhnyky)
country	(F) країна (krayina)
suburb	(N) передмістя (peredmistya)
village	(N) село (selo)
health	(N) здоров'я (zdorov'ya)
medicine	(M) медикамент (medykament)

accident	(M) **нещасний випадок** (neshchasnyy vypadok)
patient	(M) **пацієнт** (patsiyent)
surgery	(F) **хірургія** (khirurhiya)
pill	(F) **таблетка** (tabletka)
fever	(F) **гарячка** (haryachka)
cold (sickness)	(F) **застуда** (zastuda)
wound	(F) **рана** (rana)
appointment	(M) **прийом у лікаря** (pryyom u likarya)
cough	(M) **кашель** (kashel')
neck	(F) **шия** (shyya)
bottom	(M) **зад** (zad)
shoulder	(N) **плече** (pleche)
knee	(N) **коліно** (kolino)
leg	(F) **нога** (noha)
arm	(F) **рука** (ruka)
belly	(M) **живіт** (zhyvit)
bosom	(PL) **груди** (hrudy)
back (part of body)	(F) **спина** (spyna)
tooth	(M) **зуб** (zub)
tongue	(M) **язик** (yazyk)
lip	(F) **губа** (huba)
finger	(M) **палець** (palets')
toe	(M) **палець ноги** (palets' nohy)
stomach	(M) **шлунок** (shlunok)
lung	(F) **легені** (leheni)

liver	(F) печінка (pechinka)
nerve	(M) нерв (nerv)
kidney	(F) нирка (nyrka)
intestine	(M) кишечник (kyshechnyk)
colour	(M) колір (kolir)
orange (colour)	помаранчевий (pomaranchevyy)
grey	сірий (siryy)
brown	коричневий (korychnevyy)
pink	рожевий (rozhevyy)
boring	нудний (nudnyy)
heavy	важкий (vazhkyy)
light (weight)	легкий (lehkyy)
lonely	самотній (samotniy)
hungry	голодний (holodnyy)
thirsty	спраглий (sprahlyy)
sad	сумний (sumnyy)
steep	крутий (krutyy)
flat	плоский (ploskyy)
round	круглий (kruhlyy)
square (adjective)	квадратний (kvadratnyy)
narrow	вузький (vuz'kyy)
broad	широкий (shyrokyy)
deep	глибокий (hlybokyy)
shallow	мілкий (milkyy)
huge	величезний (velycheznyy)

north	**північ** (pivnich)
east	**схід** (skhid)
south	**південь** (pivden')
west	**захід** (zakhid)
dirty	**брудний** (brudnyy)
clean	**чистий** (chystyy)
full (not empty)	**повний** (povnyy)
empty	**порожній** (porozhniy)
expensive	**коштовний** (koshtovnyy)
This is quite expensive	**Це досить дорого** (Tse dosyt' doroho)
cheap	**дешевий** (deshevyy)
dark	**темний** (temnyy)
light (colour)	**світлий** (svitlyy)
sexy	**сексуальний** (seksual'nyy)
lazy	**лінивий** (linyvyy)
brave	**сміливий** (smilyvyy)
generous	**щедрий** (shchedryy)
handsome	**гарний** (harnyy)
ugly	**потворний** (potvornyy)
silly	**нерозумний** (nerozumnyy)
friendly	**дружній** (druzhniy)
guilty	**винний** (vynnyy)
blind	**сліпий** (slipyy)
drunk	**п'яний** (p'yanyy)
wet	**мокрий** (mokryy)

dry	сухий (sukhyy)
warm	теплий (teplyy)
loud	гучний (huchnyy)
quiet	тихий (tykhyy)
silent	безшумний (bezshumnyy)
kitchen	(F) кухня (kukhnya)
bathroom	(F) ванна кімната (vanna kimnata)
living room	(F) вітальня (vital′nya)
bedroom	(F) спальня (spal′nya)
garden	(M) сад (sad)
garage	(M) гараж (harazh)
wall	(F) стіна (stina)
basement	(M) підвал (pidval)
toilet (at home)	(M) туалет (tualet)
stairs	(PL) сходи (skhody)
roof	(M) дах (dakh)
window (building)	(N) вікно (vikno)
knife	(M) ніж (nizh)
cup (for hot drinks)	(F) чашка (chashka)
glass	(F) склянка (sklyanka)
plate	(F) тарілка (tarilka)
cup (for cold drinks)	(F) чашка (chashka)
garbage bin	(M) сміттєвий бак (smittyevyy bak)
bowl	(F) миска (myska)
TV set	(M) телевізор (televizor)

desk	(M) **письмовий стіл** (pys'movyy stil)
bed	(N) **ліжко** (lizhko)
mirror	(N) **дзеркало** (dzerkalo)
shower	(M) **душ** (dush)
sofa	(M) **диван** (dyvan)
picture	(F) **картина** (kartyna)
clock	(M) **годинник** (hodynnyk)
table	(M) **стіл** (stil)
chair	(M) **стілець** (stilets')
swimming pool (garden)	(M) **басейн** (baseyn)
bell	(M) **дверний дзвінок** (dvernyy dzvinok)
neighbour	(M) **сусід** (susid)
to fail	**зазнавати невдачі** (zaznavaty nevdachi)
to choose	**вибирати** (vybyraty)
to shoot	**стріляти** (strilyaty)
to vote	**голосувати** (holosuvaty)
to fall	**падати** (padaty)
to defend	**захищати** (zakhyshchaty)
to attack	**атакувати** (atakuvaty)
to steal	**красти** (krasty)
to burn	**горіти** (hority)
to rescue	**рятувати** (ryatuvaty)
to smoke	**курити** (kuryty)
to fly	**літати** (litaty)
to carry	**нести** (nesty)

to spit	плювати (plyuvaty)
to kick	бити (byty)
to bite	кусати (kusaty)
to breathe	дихати (dykhaty)
to smell	нюхати (nyukhaty)
to cry	плакати (plakaty)
to sing	співати (spivaty)
to smile	посміхатися (posmikhatysya)
to laugh	сміятися (smiyatysya)
to grow	рости (rosty)
to shrink	морщитися (morshchytysya)
to argue	сперечатися (sperechatysya)
to threaten	погрожувати (pohrozhuvaty)
to share	ділитися (dilytysya)
to feed	годувати (hoduvaty)
to hide	ховати (khovaty)
to warn	попереджувати (poperedzhuvaty)
to swim	плавати (plavaty)
to jump	стрибати (strybaty)
to roll	котити (kotyty)
to lift	піднімати (pidnimaty)
to dig	копати (kopaty)
to copy	копіювати (kopiyuvaty)
to deliver	доставляти (dostavlyaty)
to look for	шукати (shukaty)

to practice	практикуватися (praktykuvatysya)
to travel	подорожувати (podorozhuvaty)
to paint	малювати (malyuvaty)
to take a shower	приймати душ (pryymaty dush)
to open (unlock)	відчиняти (vidchynyaty)
to lock	замикати (zamykaty)
to wash	мити (myty)
to pray	молитися (molytysya)
to cook	готувати (hotuvaty)
book	(F) книга (knyha)
library	(F) бібліотека (biblioteka)
homework	(N) домашнє завдання (domashnye zavdannya)
exam	(M) екзамен (ekzamen)
lesson	(M) урок (urok)
science	(PL) природничі науки (pryrodnychi nauky)
history	(F) історія (istoriya)
art	(N) мистецтво (mystetstvo)
English	(F) англійська мова (anhliys'ka mova)
French	(F) французька мова (frantsuz'ka mova)
pen	(F) ручка (ruchka)
pencil	(M) олівець (olivets')
3%	три відсотки (try vidsotky)
first	перший (pershyy)
second (2nd)	другий (druhyy)
third	третій (tretiy)

fourth	четвертий (chetvertyy)
result	(M) результат (rezul'tat)
square (shape)	(M) квадрат (kvadrat)
circle	(N) коло (kolo)
area	(F) площа (ploshcha)
research	(N) дослідження (doslidzhennya)
degree	(M) ступінь (stupin')
bachelor	(M) бакалавр (bakalavr)
master	(M) магістр (mahistr)
x < y	x менше за y (x menshe za y)
x > y	x більше за y (x bil'she za y)
stress	(M) стрес (stres)
insurance	(N) страхування (strakhuvannya)
staff	(M) персонал (personal)
department	(M) відділ (viddil)
salary	(F) зарплата (zarplata)
address	(F) адреса (adresa)
letter (post)	(M) лист (lyst)
captain	(M) капітан (kapitan)
detective	(M) детектив (detektyv)
pilot	(M) льотчик (l'otchyk)
professor	(M) професор (profesor)
teacher	(M) вчитель (vchytel')
lawyer	(M) юрист (yuryst)
secretary	(F) секретарка (sekretarka)

assistant	(M) **асистент**	(asystent)
judge	(M) **суддя**	(suddya)
director	(M) **директор**	(dyrektor)
manager	(M) **менеджер**	(menedzher)
cook	(M) **кухар**	(kukhar)
taxi driver	(M) **таксист**	(taksyst)
bus driver	(M) **водій автобуса**	(vodiy avtobusa)
criminal	(M) **злочинець**	(zlochynets')
model	(F) **модель**	(model')
artist	(M) **художник**	(khudozhnyk)
telephone number	(M) **номер телефону**	(nomer telefonu)
signal (of phone)	(M) **сигнал**	(syhnal)
app	(M) **додаток**	(dodatok)
chat	(M) **чат**	(chat)
file	(M) **файл**	(fayl)
url	(F) **URL-адреса**	(URL-adresa)
e-mail address	(F) **електронна адреса**	(elektronna adresa)
website	(M) **веб-сайт**	(veb-sayt)
e-mail	(F) **електронна пошта**	(elektronna poshta)
My email address is david at pinhok dot com	**Моя електронна адреса девід собачка пінхок крапка ком**	(Moya elektronna adresa devid sobachka pinkhok krapka kom)
mobile phone	(M) **мобільний телефон**	(mobil'nyy telefon)
law	(M) **закон**	(zakon)
prison	(F) **в'язниця**	(v'yaznytsya)
evidence	(M) **доказ**	(dokaz)
fine	(M) **штраф**	(shtraf)

witness	(M) свідок (svidok)
court	(M) суд (sud)
signature	(M) підпис (pidpys)
loss	(M) збиток (zbytok)
profit	(M) прибуток (prybutok)
customer	(M) клієнт (kliyent)
amount	(F) сума (suma)
credit card	(F) кредитна картка (kredytna kartka)
password	(M) пароль (parol')
cash machine	(M) банкомат (bankomat)
swimming pool (competition)	(M) басейн (baseyn)
power	(F) електроенергія (elektroenerhiya)
camera	(F) камера (kamera)
radio	(N) радіо (radio)
present (gift)	(M) подарунок (podarunok)
bottle	(F) пляшка (plyashka)
bag	(F) сумка (sumka)
key	(M) ключ (klyuch)
doll	(F) лялька (lyal'ka)
angel	(M) янгол (yanhol)
comb	(M) гребінь (hrebin')
toothpaste	(F) зубна паста (zubna pasta)
toothbrush	(F) зубна щітка (zubna shchitka)
shampoo	(M) шампунь (shampun')
cream (pharmaceutical)	(M) крем (krem)

tissue	(F) **паперова серветка** (paperova servetka)
lipstick	(F) **помада** (pomada)
TV	(N) **телебачення** (telebachennya)
cinema	(M) **кінотеатр** (kinoteatr)
I want to go to the cinema	**Я хочу піти в кіно** (YA khochu pity v kino)
news	(PL) **новини** (novyny)
seat	(N) **сидіння** (sydinnya)
ticket	(M) **квиток** (kvytok)
screen (cinema)	(M) **екран** (ekran)
music	(F) **музика** (muzyka)
stage	(F) **сцена** (stsena)
audience	(F) **публіка** (publika)
painting	(M) **живопис** (zhyvopys)
joke	(M) **жарт** (zhart)
article	(F) **стаття** (stattya)
newspaper	(F) **газета** (hazeta)
magazine	(M) **журнал** (zhurnal)
advertisement	(F) **реклама** (reklama)
nature	(F) **природа** (pryroda)
ash	(M) **попіл** (popil)
fire (general)	(M) **вогонь** (vohon')
diamond	(M) **алмаз** (almaz)
moon	(M) **Місяць** (Misyats')
earth	(F) **Земля** (Zemlya)
sun	(N) **сонце** (sontse)

star	(F) зірка (zirka)
planet	(F) планета (planeta)
universe	(M) всесвіт (vsesvit)
coast	(N) узбережжя (uzberezhzhya)
lake	(N) озеро (ozero)
forest	(M) ліс (lis)
desert (dry place)	(F) пустеля (pustelya)
hill	(M) пагорб (pahorb)
rock (stone)	(M) камінь (kamin')
river	(F) річка (richka)
valley	(F) долина (dolyna)
mountain	(F) гора (hora)
island	(M) острів (ostriv)
ocean	(M) океан (okean)
sea	(N) море (more)
weather	(F) погода (pohoda)
ice	(M) лід (lid)
snow	(M) сніг (snih)
storm	(M) шторм (shtorm)
rain	(M) дощ (doshch)
wind	(M) вітер (viter)
plant	(F) рослина (roslyna)
tree	(N) дерево (derevo)
grass	(F) трава (trava)
rose	(F) троянда (troyanda)

flower	(F) квітка (kvitka)
gas	(M) газ (haz)
metal	(M) метал (metal)
gold	(N) золото (zoloto)
silver	(N) срібло (sriblo)
Silver is cheaper than gold	Срібло коштує дешевше за золото (Sriblo koshtuye deshevshe za zoloto)
Gold is more expensive than silver	Золото коштує дорожче за срібло (Zoloto koshtuye dorozhche za sriblo)
holiday	(F) відпустка (vidpustka)
member	(M) член (chlen)
hotel	(M) готель (hotel')
beach	(M) пляж (plyazh)
guest	(M) постоялець (postoyalets')
birthday	(M) день народження (den' narodzhennya)
Christmas	(N) Різдво (Rizdvo)
New Year	(M) Новий рік (Novyy rik)
Easter	(M) Великдень (Velykden')
uncle	(M) дядько (dyad'ko)
aunt	(F) тітка (titka)
grandmother (paternal)	(F) баба (baba)
grandfather (paternal)	(M) дід (did)
grandmother (maternal)	(F) баба (baba)
grandfather (maternal)	(M) дід (did)
death	(F) смерть (smert')
grave	(F) могила (mohyla)
divorce	(N) розлучення (rozluchennya)

bride	(F) **наречена** (narechena)
groom	(M) **наречений** (narechenyy)
101	**сто один** (sto odyn)
105	**сто п'ять** (sto p'yat)
110	**сто десять** (sto desyat')
151	**сто п'ятдесят один** (sto p'yatdesyat odyn)
200	**двісті** (dvisti)
202	**двісті два** (dvisti dva)
206	**двісті шість** (dvisti shist')
220	**двісті двадцять** (dvisti dvadtsyat')
262	**двісті шістдесят два** (dvisti shistdesyat dva)
300	**триста** (trysta)
303	**триста три** (trysta try)
307	**триста сім** (trysta sim)
330	**триста тридцять** (trysta trydtsyat')
373	**триста сімдесят три** (trysta simdesyat try)
400	**чотириста** (chotyrysta)
404	**чотириста чотири** (chotyrysta chotyry)
408	**чотириста вісім** (chotyrysta visim)
440	**чотириста сорок** (chotyrysta sorok)
484	**чотириста вісімдесят чотири** (chotyrysta visimdesyat chotyry)
500	**п'ятсот** (p'yat·sot)
505	**п'ятсот п'ять** (p'yat·sot p'yat')
509	**п'ятсот дев'ять** (p'yat·sot dev'yat')
550	**п'ятсот п'ятдесят** (p'yat·sot p'yatdesyat)

595	**п'ятсот дев'яносто п'ять** (p'yat·sot dev'yanosto p'yat')
600	**шістсот** (shist·sot)
601	**шістсот один** (shist·sot odyn)
606	**шістсот шість** (shist·sot shist')
616	**шістсот шістнадцять** (shist·sot shistnadtsyat')
660	**шістсот шістдесят** (shist·sot shistdesyat)
700	**сімсот** (simsot)
702	**сімсот два** (simsot dva)
707	**сімсот сім** (simsot sim)
727	**сімсот двадцять сім** (simsot dvadtsyat' sim)
770	**сімсот сімдесят** (simsot simdesyat)
800	**вісімсот** (visimsot)
803	**вісімсот три** (visimsot try)
808	**вісімсот вісім** (visimsot visim)
838	**вісімсот тридцять вісім** (visimsot trydtsyat' visim)
880	**вісімсот вісімдесят** (visimsot visimdesyat)
900	**дев'ятсот** (dev'yat·sot)
904	**дев'ятсот чотири** (dev'yat·sot chotyry)
909	**дев'ятсот дев'ять** (dev'yat·sot dev'yat')
949	**дев'ятсот сорок дев'ять** (dev'yat·sot sorok dev'yat')
990	**дев'ятсот дев'яносто** (dev'yat·sot dev'yanosto)
tiger	(M) **тигр** (tyhr)
mouse (animal)	(F) **миша** (mysha)
rat	(M) **пацюк** (patsyuk)
rabbit	(M) **кролик** (krolyk)

lion	(M) **лев** (lev)
donkey	(M) **віслюк** (vislyuk)
elephant	(M) **слон** (slon)
bird	(M) **птах** (ptakh)
cockerel	(M) **півень** (piven')
pigeon	(M) **голуб** (holub)
goose	(M) **гусак** (husak)
insect	(F) **комаха** (komakha)
bug	(M) **жук** (zhuk)
mosquito	(M) **комар** (komar)
fly	(F) **муха** (mukha)
ant	(F) **мураха** (murakha)
whale	(M) **кит** (kyt)
shark	(F) **акула** (akula)
dolphin	(M) **дельфін** (del'fin)
snail	(M) **равлик** (ravlyk)
frog	(F) **жаба** (zhaba)
often	**часто** (chasto)
immediately	**негайно** (nehayno)
suddenly	**раптом** (raptom)
although	**хоча** (khocha)
I don't understand	**Я не розумію** (YA ne rozumiyu)
I'm David, nice to meet you	**Мене звати Девід, приємно познайомитися** (Mene zvaty Devid, pryyemno poznayomytysya)
Let's watch a film	**Давай подивимося фільм** (Davay podyvymosya fil'm)
This is my girlfriend Anna	**Це моя дівчина Анна** (Tse moya divchyna Anna)

Let's go home	Ходімо додому (Khodimo dodomu)
I want a cold coke	Я хочу холодної кока-коли (YA khochu kholodnoyi koka-koly)
gymnastics	(F) гімнастика (himnastyka)
tennis	(M) теніс (tenis)
running	(M) біг (bih)
cycling	(M) велоспорт (velosport)
golf	(M) гольф (hol'f)
ice skating	(N) катання на ковзанах (katannya na kovzanakh)
football	(M) футбол (futbol)
basketball	(M) баскетбол (basketbol)
swimming	(N) плавання (plavannya)
diving (under the water)	(M) дайвінг (dayvinh)
hiking	(M) пішохідний туризм (pishokhidnyy turyzm)
United Kingdom	(F) Велика Британія (Velyka Brytaniya)
Spain	(F) Іспанія (Ispaniya)
Switzerland	(F) Швейцарія (Shveytsariya)
Italy	(F) Італія (Italiya)
France	(F) Франція (Frantsiya)
Germany	(F) Німеччина (Nimechchyna)
Thailand	(M) Таїланд (Tayiland)
Singapore	(M) Сінгапур (Sinhapur)
Russia	(F) Росія (Rosiya)
Japan	(F) Японія (Yaponiya)
Israel	(M) Ізраїль (Izrayil')
India	(F) Індія (Indiya)

China	(M) Китай (Kytay)
The United States of America	(PL) Сполучені Штати Америки (Spolucheni Shtaty Ameryky)
Mexico	(F) Мексика (Meksyka)
Canada	(F) Канада (Kanada)
Chile	(N) Чилі (Chyli)
Brazil	(F) Бразилія (Brazyliya)
Argentina	(F) Аргентина (Arhentyna)
South Africa	(F) Південно-Африканська Республіка (Pivdenno-Afrykans'ka Respublika)
Nigeria	(F) Нігерія (Niheriya)
Morocco	(N) Марокко (Marokko)
Libya	(F) Лівія (Liviya)
Kenya	(F) Кенія (Keniya)
Algeria	(M) Алжир (Alzhyr)
Egypt	(M) Єгипет (Yehypet)
New Zealand	(F) Нова Зеландія (Nova Zelandiya)
Australia	(F) Австралія (Avstraliya)
Africa	(F) Африка (Afryka)
Europe	(F) Європа (Yevropa)
Asia	(F) Азія (Aziya)
America	(F) Америка (Ameryka)
quarter of an hour	п'ятнадцять хвилин (p'yatnadtsyat' khvylyn)
half an hour	тридцять хвилин (trydtsyat' khvylyn)
three quarters of an hour	сорок п'ять хвилин (sorok p'yat' khvylyn)
1:00	перша година (persha hodyna)
2:05	друга година п'ять хвилин (druha hodyna p'yat' khvylyn)

3:10	третя година десять хвилин (tretya hodyna desyat' khvylyn)
4:15	четверта година п'ятнадцять хвилин (chetverta hodyna p'yatnadtsyat' khvylyn)
5:20	п'ята година двадцять хвилин (p'yata hodyna dvadtsyat' khvylyn)
6:25	шоста година двадцять п'ять хвилин (shosta hodyna dvadtsyat' p'yat' khvylyn)
7:30	сьома година тридцять хвилин (s'oma hodyna trydtsyat' khvylyn)
8:35	восьма година тридцять п'ять хвилин (vos'ma hodyna trydtsyat' p'yat' khvylyn)
9:40	дев'ята година сорок хвилин (dev'yata hodyna sorok khvylyn)
10:45	десята година сорок п'ять хвилин (desyata hodyna sorok p'yat' khvylyn)
11:50	одинадцята година п'ятдесят хвилин (odynadtsyata hodyna p'yatdesyat khvylyn)
12:55	дванадцята година п'ятдесят п'ять хвилин (dvanadtsyata hodyna p'yatdesyat p'yat' khvylyn)
one o'clock in the morning	перша година ночі (persha hodyna nochi)
two o'clock in the afternoon	друга година після полудня (druha hodyna pislya poludnya)
last week	минулого тижня (mynuloho tyzhnya)
this week	цього тижня (ts'oho tyzhnya)
next week	наступного тижня (nastupnoho tyzhnya)
last year	минулого року (mynuloho roku)
this year	цього року (ts'oho roku)
next year	наступного року (nastupnoho roku)
last month	минулого місяця (mynuloho misyatsya)
this month	цього місяця (ts'oho misyatsya)
next month	наступного місяця (nastupnoho misyatsya)
2014-01-01	перше січня дві тисячі чотирнадцятого року (pershe sichnya dvi tysyachi chotyrnadtsyatoho roku)

2003-02-25	**двадцять п'яте лютого дві тисячі третього року** (dvadtsyat' p'yate lyutoho dvi tysyachi tret'oho roku)
1988-04-12	**дванадцяте квітня одна тисяча дев'ятсот вісімдесят восьмого року** (dvanadtsyate kvitnya odna tysyacha dev'yat·sot visimdesyat vos'moho roku)
1899-10-13	**тринадцяте жовтня одна тисяча вісімсот дев'яносто дев'ятого року** (trynadtsyate zhovtnya odna tysyacha visimsot dev'yanosto dev'yatoho roku)

1907-09-30	тридцяте вересня одна тисяча дев'ятсот сьомого року (trydtsyate veresnya odna tysyacha dev'yat·sot s'omoho roku)
2000-12-12	дванадцяте грудня двохтисячного року (dvanadtsyate hrudnya dvokhtysyachnoho roku)
forehead	(M) лоб (lob)
wrinkle	(F) зморшка (zmorshka)
chin	(N) підборіддя (pidboriddya)
cheek	(F) щока (shchoka)
beard	(F) борода (boroda)
eyelashes	(F) вії (viyi)
eyebrow	(F) брова (brova)
waist	(F) талія (taliya)
nape	(F) потилиця (potylytsya)
chest	(F) грудна клітка (hrudna klitka)
thumb	(M) великий палець (velykyy palets')
little finger	(M) мізинець (mizynets')
ring finger	(M) безіменний палець (bezimennyy palets')
middle finger	(M) середній палець (seredniy palets')
index finger	(M) вказівний палець (vkazivnyy palets')
wrist	(N) зап'ястя (zap'yastya)
fingernail	(M) ніготь (nihot')
heel	(F) п'ята (p'yata)
spine	(M) хребет (khrebet)
muscle	(M) м'яз (m'yaz)
bone (part of body)	(F) кістка (kistka)
skeleton	(M) скелет (skelet)
rib	(N) ребро (rebro)

vertebra	(M) **хребець** (khrebets')	
bladder	(M) **сечовий міхур** (sechovyy mikhur)	
vein	(F) **вена** (vena)	
artery	(F) **артерія** (arteriya)	
vagina	(F) **вагіна** (vahina)	
sperm	(F) **сперма** (sperma)	
penis	(M) **пеніс** (penis)	
testicle	(N) **яєчко** (yayechko)	
juicy	**соковитий** (sokovytyy)	
hot (spicy)	**гарячий** (haryachyy)	
salty	**солоний** (solonyy)	
raw	**сирий** (syryy)	
boiled	**варений** (varenyy)	
shy	**сором'язливий** (sorom'yazlyvyy)	
greedy	**жадібний** (zhadibnyy)	
strict	**суворий** (suvoryy)	
deaf	**глухий** (hlukhyy)	
mute	**німий** (nimyy)	
chubby	**круглолиций** (kruhlolytsyy)	
skinny	**худий** (khudyy)	
plump	**огрядний** (ohryadnyy)	
slim	**стрункий** (strunkyy)	
sunny	**сонячний** (sonyachnyy)	
rainy	**дощовий** (doshchovyy)	
foggy	**туманний** (tumannyy)	

cloudy	хмарний (khmarnyy)
windy	вітряний (vitryanyy)
panda	(F) панда (panda)
goat	(M) козел (kozel)
polar bear	(M) білий ведмідь (bilyy vedmid')
wolf	(M) вовк (vovk)
rhino	(M) носоріг (nosorih)
koala	(M) коала (koala)
kangaroo	(M) кенгуру (kenhuru)
camel	(M) верблюд (verblyud)
hamster	(M) хом'як (khom'yak)
giraffe	(F) жирафа (zhyrafa)
squirrel	(F) білка (bilka)
fox	(F) лисиця (lysytsya)
leopard	(M) леопард (leopard)
hippo	(M) бегемот (behemot)
deer	(M) олень (olen')
bat	(M) кажан (kazhan)
raven	(M) крук (kruk)
stork	(F) лелека (leleka)
swan	(M) лебідь (lebid')
seagull	(F) чайка (chayka)
owl	(F) сова (sova)
eagle	(M) орел (orel)
penguin	(M) пінгвін (pinhvin)

1051 - 1075

parrot	(F) папуга (papuha)
termite	(M) терміт (termit)
moth	(F) міль (mil')
caterpillar	(F) гусениця (husenytsya)
dragonfly	(F) бабка (babka)
grasshopper	(M) коник (konyk)
squid	(M) кальмар (kal'mar)
octopus	(M) восьминіг (vos'mynih)
sea horse	(M) морський коник (mors'kyy konyk)
turtle	(F) морська черепаха (mors'ka cherepakha)
shell	(F) мушля (mushlya)
seal	(M) тюлень (tyulen')
jellyfish	(F) медуза (meduza)
crab	(M) краб (krab)
dinosaur	(M) динозавр (dynozavr)
tortoise	(F) черепаха (cherepakha)
crocodile	(M) крокодил (krokodyl)
marathon	(M) марафон (marafon)
triathlon	(M) тріатлон (triatlon)
table tennis	(M) настільний теніс (nastil'nyy tenis)
weightlifting	(F) важка атлетика (vazhka atletyka)
boxing	(M) бокс (boks)
badminton	(M) бадмінтон (badminton)
figure skating	(N) фігурне катання (fihurne katannya)
snowboarding	(M) сноубординг (snoubordynh)

skiing	(M) **лижний спорт** (lyzhnyy sport)
cross-country skiing	(PL) **лижні перегони** (lyzhni perehony)
ice hockey	(M) **хокей** (khokey)
volleyball	(M) **волейбол** (voleybol)
handball	(M) **гандбол** (handbol)
beach volleyball	(M) **пляжний волейбол** (plyazhnyy voleybol)
rugby	(N) **регбі** (rehbi)
cricket	(M) **крикет** (kryket)
baseball	(M) **бейсбол** (beysbol)
American football	(M) **американський футбол** (amerykans'kyy futbol)
water polo	(N) **водне поло** (vodne polo)
diving (into the water)	(M) **стрибки у воду** (strybky u vodu)
surfing	(M) **серфінг** (serfinh)
sailing	(M) **вітрильний спорт** (vitryl'nyy sport)
rowing	(N) **веслування** (vesluvannya)
car racing	(PL) **автомобільні перегони** (avtomobil'ni perehony)
rally racing	(N) **ралі** (rali)
motorcycle racing	(M) **мотоциклетний спорт** (mototsykletnyy sport)
yoga	(F) **йога** (yoha)
dancing	(M) **танці** (tantsi)
mountaineering	(M) **альпінізм** (al'pinizm)
parachuting	(M) **скайдайвінг** (skaydayvinh)
skateboarding	(M) **скейтбординг** (skeytbordynh)
chess	(PL) **шахи** (shakhy)
poker	(M) **покер** (poker)

climbing	(N) **скелелазіння** (skelelazinnya)
bowling	(M) **боулінг** (boulinh)
billiards	(M) **більярд** (bil'yard)
ballet	(M) **балет** (balet)
warm-up	(F) **розминка** (rozmynka)
stretching	(F) **вправи на розтягування** (vpravy na roztyahuvannya)
sit-ups	(M) **сітап** (sitap)
push-up	(N) **віджимання** (vidzhymannya)
sauna	(F) **сауна** (sauna)
exercise bike	(M) **велотренажер** (velotrenazher)
treadmill	(F) **бігова доріжка** (bihova dorizhka)
1001	**одна тисяча один** (odna tysyacha odyn)
1012	**одна тисяча дванадцять** (odna tysyacha dvanadtsyat')
1234	**одна тисяча двісті тридцять чотири** (odna tysyacha dvisti trydtsyat' chotyry)
2000	**дві тисячі** (dvi tysyachi)
2002	**дві тисячі два** (dvi tysyachi dva)
2023	**дві тисячі двадцять три** (dvi tysyachi dvadtsyat' try)
2345	**дві тисячі триста сорок п'ять** (dvi tysyachi trysta sorok p'yat')
3000	**три тисячі** (try tysyachi)
3003	**три тисячі три** (try tysyachi try)
4000	**чотири тисячі** (chotyry tysyachi)
4045	**чотири тисячі сорок п'ять** (chotyry tysyachi sorok p'yat')
5000	**п'ять тисяч** (p'yat' tysyach)
5678	**п'ять тисяч шістсот сімдесят вісім** (p'yat' tysyach shist·sot simdesyat visim)
6000	**шість тисяч** (shist' tysyach)

7000	**сім тисяч** (sim tysyach)
7890	**сім тисяч вісімсот дев'яносто** (sim tysyach visimsot dev'yanosto)
8000	**вісім тисяч** (visim tysyach)
8901	**вісім тисяч дев'ятсот один** (visim tysyach dev'yat·sot odyn)
9000	**дев'ять тисяч** (dev'yat' tysyach)
9090	**дев'ять тисяч дев'яносто** (dev'yat' tysyach dev'yanosto)
10.001	**десять тисяч один** (desyat' tysyach odyn)
20.020	**двадцять тисяч двадцять** (dvadtsyat' tysyach dvadtsyat')
30.300	**тридцять тисяч триста** (trydtsyat' tysyach trysta)
44.000	**сорок чотири тисячі** (sorok chotyry tysyachi)
10.000.000	**десять мільйонів** (desyat' mil'yoniv)
100.000.000	**сто мільйонів** (sto mil'yoniv)
1.000.000.000	**один мільярд** (odyn mil'yard)
10.000.000.000	**десять мільярдів** (desyat' mil'yardiv)
100.000.000.000	**сто мільярдів** (sto mil'yardiv)
1.000.000.000.000	**один трильйон** (odyn tryl'yon)
to gamble	**грати на гроші** (hraty na hroshi)
to gain weight	**набирати вагу** (nabyraty vahu)
to lose weight	**втрачати вагу** (vtrachaty vahu)
to vomit	**блювати** (blyuvaty)
to shout	**кричати** (krychaty)
to stare	**витріщатися** (vytrishchatysya)
to faint	**непритомніти** (neprytomnity)
to swallow	**ковтати** (kovtaty)
to shiver	**тремтіти** (tremtity)

to give a massage	масажувати (masazhuvaty)
to climb	лізти (lizty)
to quote	цитувати (tsytuvaty)
to print	друкувати (drukuvaty)
to scan	сканувати (skanuvaty)
to calculate	розраховувати (rozrakhovuvaty)
to earn	заробляти (zaroblyaty)
to measure	міряти (miryaty)
to vacuum	пилососити (pylososyty)
to dry	сушити (sushyty)
to boil	варити (varyty)
to fry	смажити (smazhyty)
elevator	(M) ліфт (lift)
balcony	(M) балкон (balkon)
floor	(F) підлога (pidloha)
attic	(N) горище (horyshche)
front door	(M) парадний вхід (paradnyy vkhid)
corridor	(M) коридор (korydor)
second basement floor	(M) другий підвальний поверх (druhyy pidval'nyy poverkh)
first basement floor	(M) перший підвальний поверх (pershyy pidval'nyy poverkh)
ground floor	(M) перший поверх (pershyy poverkh)
first floor	(M) другий поверх (druhyy poverkh)
fifth floor	(M) шостий поверх (shostyy poverkh)
chimney	(M) димар (dymar)
fan	(M) вентилятор (ventylyator)

air conditioner	(M) кондиціонер (kondytsioner)
coffee machine	(F) кавоварка (kavovarka)
toaster	(M) тостер (toster)
vacuum cleaner	(M) пилосос (pylosos)
hairdryer	(M) фен (fen)
kettle	(M) чайник (chaynyk)
dishwasher	(F) посудомийна машина (posudomyyna mashyna)
cooker	(F) плита (plyta)
oven	(F) духовка (dukhovka)
microwave	(F) мікрохвильова піч (mikrokhvyl'ova pich)
fridge	(M) холодильник (kholodyl'nyk)
washing machine	(F) пральна машина (pral'na mashyna)
heating	(N) опалення (opalennya)
remote control	(M) пульт дистанційного керування (pul't dystantsiynoho keruvannya)
sponge	(F) губка (hubka)
wooden spoon	(F) дерев'яна ложка (derev'yana lozhka)
chopstick	(PL) палички для їжі (palychky dlya yizhi)
cutlery	(PL) столові прилади (stolovi prylady)
spoon	(F) ложка (lozhka)
fork	(F) виделка (vydelka)
ladle	(M) черпак (cherpak)
pot	(M) горщик (horshchyk)
pan	(F) каструля (kastrulya)
light bulb	(F) лампочка (lampochka)
alarm clock	(M) будильник (budyl'nyk)

safe (for money)	(M) сейф (seyf)
bookshelf	(F) книжкова полиця (knyzhkova polytsya)
curtain	(F) занавіска (zanaviska)
mattress	(M) матрац (matrats)
pillow	(F) подушка (podushka)
blanket	(F) ковдра (kovdra)
shelf	(F) полиця (polytsya)
drawer	(F) шухляда (shukhlyada)
wardrobe	(F) шафа (shafa)
bucket	(N) відро (vidro)
broom	(M) віник (vinyk)
washing powder	(M) пральний порошок (pral'nyy poroshok)
scale	(PL) ваги (vahy)
laundry basket	(M) кошик для білизни (koshyk dlya bilyzny)
bathtub	(F) ванна (vanna)
bath towel	(M) банний рушник (bannyy rushnyk)
soap	(N) мило (mylo)
toilet paper	(M) туалетний папір (tualetnyy papir)
towel	(M) рушник (rushnyk)
basin	(M) умивальник (umyval'nyk)
stool	(M) барний стілець (barnyy stilets')
light switch	(M) вимикач (vymykach)
calendar	(M) календар (kalendar)
power outlet	(F) розетка (rozetka)
carpet	(M) килим (kylym)

saw	(F) пила (pyla)
axe	(F) сокира (sokyra)
ladder	(F) драбина (drabyna)
hose	(M) шланг (shlanh)
shovel	(F) лопата (lopata)
shed	(M) сарай (saray)
pond	(M) ставок (stavok)
mailbox (for letters)	(F) поштова скринька (poshtova skryn'ka)
fence	(M) паркан (parkan)
deck chair	(M) шезлонг (shezlonh)
ice cream	(N) морозиво (morozyvo)
cream (food)	(PL) вершки (vershky)
butter	(N) масло (maslo)
yoghurt	(M) йогурт (yohurt)
fishbone	(F) риб'яча кістка (ryb'yacha kistka)
tuna	(M) тунець (tunets')
salmon	(M) лосось (losos')
lean meat	(N) пісне м'ясо (pisne m'yaso)
fat meat	(N) жирне м'ясо (zhyrne m'yaso)
ham	(F) шинка (shynka)
salami	(F) салямі (salyami)
bacon	(M) бекон (bekon)
steak	(M) стейк (steyk)
sausage	(F) ковбаса (kovbasa)
turkey	(F) індичатина (indychatyna)

chicken (meat)	(F) курятина (kuryatyna)
beef	(F) яловичина (yalovychyna)
pork	(F) свинина (svynyna)
lamb	(F) баранина (baranyna)
pumpkin	(M) гарбуз (harbuz)
mushroom	(M) гриб (hryb)
truffle	(M) трюфель (tryufel')
garlic	(M) часник (chasnyk)
leek	(F) цибуля (tsybulya)
ginger	(M) імбир (imbyr)
aubergine	(M) баклажан (baklazhan)
sweet potato	(M) батат (batat)
carrot	(F) морква (morkva)
cucumber	(M) огірок (ohirok)
chili	(M) перець чілі (perets' chili)
pepper (vegetable)	(M) перець (perets')
onion	(F) цибуля городня (tsybulya horodnya)
potato	(F) картопля (kartoplya)
cauliflower	(F) цвітна капуста (tsvitna kapusta)
cabbage	(F) капуста (kapusta)
broccoli	(F) броколі (brokoli)
lettuce	(M) салат (salat)
spinach	(M) шпинат (shpynat)
bamboo (food)	(M) бамбук (bambuk)
corn	(F) кукурудза (kukurudza)

celery	(F) **селера** (selera)
pea	(M) **горох** (horokh)
bean	(M) **біб** (bib)
pear	(F) **груша** (hrusha)
apple	(N) **яблуко** (yabluko)
peel	(F) **шкірка** (shkirka)
pit	(F) **кістянка** (kistyanka)
olive	(F) **маслина** (maslyna)
date (food)	(M) **фінік** (finik)
fig	(M) **інжир** (inzhyr)
coconut	(M) **кокос** (kokos)
almond	(M) **мигдаль** (myhdal')
hazelnut	(M) **фундук** (funduk)
peanut	(M) **арахіс** (arakhis)
banana	(M) **банан** (banan)
mango	(N) **манго** (manho)
kiwi	(N) **ківі** (kivi)
avocado	(N) **авокадо** (avokado)
pineapple	(M) **ананас** (ananas)
water melon	(M) **кавун** (kavun)
grape	(M) **виноград** (vynohrad)
sugar melon	(F) **цукрова диня** (tsukrova dynya)
raspberry	(F) **малина** (malyna)
blueberry	(F) **чорниця** (chornytsya)
strawberry	(F) **полуниця** (polunytsya)

cherry	(F) вишня (vyshnya)
plum	(F) слива (slyva)
apricot	(M) абрикос (abrykos)
peach	(M) персик (persyk)
lemon	(M) лимон (lymon)
grapefruit	(M) грейпфрут (hreypfrut)
orange (food)	(M) апельсин (apel'syn)
tomato	(M) помідор (pomidor)
mint	(F) м'ята (m'yata)
lemongrass	(M) цимбопогон (tsymbopohon)
cinnamon	(F) кориця (korytsya)
vanilla	(F) ваніль (vanil')
salt	(F) сіль (sil')
pepper (spice)	(M) чорний перець (chornyy perets')
curry	(N) карі (kari)
tobacco	(M) тютюн (tyutyun)
tofu	(M) тофу (tofu)
vinegar	(M) оцет (otset)
noodle	(F) локшина (lokshyna)
soy milk	(N) соєве молоко (soyeve moloko)
flour	(N) борошно (boroshno)
rice	(M) рис (rys)
oat	(M) овес (oves)
wheat	(F) пшениця (pshenytsya)
soy	(F) соя (soya)

nut	(M) горіх (horikh)
scrambled eggs	(F) яєчня (yayechnya)
porridge	(F) каша (kasha)
cereal	(PL) пластівці (plastivtsi)
honey	(M) мед (med)
jam	(N) варення (varennya)
chewing gum	(F) жувальна гумка (zhuval'na humka)
apple pie	(M) яблучний пиріг (yabluchnyy pyrih)
waffle	(F) вафля (vaflya)
pancake	(M) млинець (mlynets')
cookie	(N) печиво (pechyvo)
pudding	(M) пудинг (pudynh)
muffin	(M) кекс (keks)
doughnut	(M) пончик (ponchyk)
energy drink	(M) енергетичний напій (enerhetychnyy napiy)
orange juice	(M) апельсиновий сік (apel'synovyy sik)
apple juice	(M) яблучний сік (yabluchnyy sik)
milkshake	(M) молочний коктейль (molochnyy kokteyl')
coke	(F) кока-кола (koka-kola)
lemonade	(M) лимонад (lymonad)
hot chocolate	(M) гарячий шоколад (haryachyy shokolad)
milk tea	(M) чай з молоком (chay z molokom)
green tea	(M) зелений чай (zelenyy chay)
black tea	(M) чорний чай (chornyy chay)
tap water	(F) водопровідна вода (vodoprovidna voda)

cocktail	(M) коктейль (kokteyl')
champagne	(N) шампанське (shampans'ke)
rum	(M) ром (rom)
whiskey	(N) віскі (viski)
vodka	(F) горілка (horilka)
buffet	(M) буфет (bufet)
tip	(PL) чайові (chayovi)
menu	(N) меню (menyu)
seafood	(PL) морепродукти (moreprodukty)
snack	(F) закуска (zakuska)
side dish	(M) гарнір (harnir)
spaghetti	(PL) спагетті (spahetti)
roast chicken	(F) смажена курка (smazhena kurka)
potato salad	(M) картопляний салат (kartoplyanyy salat)
mustard	(F) гірчиця (hirchytsya)
sushi	(N) суші (sushi)
popcorn	(M) попкорн (popkorn)
nachos	(M) начос (nachos)
chips	(PL) чіпси (chipsy)
French fries	(F) картопля фрі (kartoplya fri)
chicken wings	(N) курячі крильця (kuryachi kryl'tsya)
mayonnaise	(M) майонез (mayonez)
tomato sauce	(M) кетчуп (ketchup)
sandwich	(M) сандвіч (sandvich)
hot dog	(M) хот-дог (khot-doh)

burger	(M) бургер (burher)
booking	(N) бронювання (bronyuvannya)
hostel	(M) хостел (khostel)
visa	(F) віза (viza)
passport	(M) паспорт (pasport)
diary	(M) щоденник (shchodennyk)
postcard	(F) листівка (lystivka)
backpack	(M) рюкзак (ryukzak)
campfire	(N) багаття (bahattya)
sleeping bag	(M) спальний мішок (spal'nyy mishok)
tent	(M) намет (namet)
camping	(M) кемпінг (kempinh)
membership	(N) членство (chlenstvo)
reservation	(N) резервування (rezervuvannya)
dorm room	(M) гуртожиток (hurtozhytok)
double room	(M) двомісний номер з одним ліжком (dvomisnyy nomer z odnym lizhkom)
single room	(M) одномісний номер (odnomisnyy nomer)
luggage	(M) багаж (bahazh)
lobby	(N) лобі (lobi)
decade	(F) декада (dekada)
century	(N) століття (stolittya)
millennium	(N) тисячоліття (tysyacholittya)
Thanksgiving	(M) День подяки (Den' podyaky)
Halloween	(M) Хелловін (Khellovin)
Ramadan	(M) Рамадан (Ramadan)

grandchild	(M/F) **онук, онука** (onuk, onuka)
siblings	(PL) **брати і сестри** (braty i sestry)
mother-in-law	(F) **свекруха, теща** (svekrukha, teshcha)
father-in-law	(M) **свекор, тесть** (svekor, test')
granddaughter	(F) **онука** (onuka)
grandson	(M) **онук** (onuk)
son-in-law	(M) **зять** (zyat')
daughter-in-law	(F) **невістка** (nevistka)
nephew	(M) **племінник** (pleminnyk)
niece	(F) **племінниця** (pleminnytsya)
cousin (female)	(F) **двоюрідна сестра** (dvoyuridna sestra)
cousin (male)	(M) **двоюрідний брат** (dvoyuridnyy brat)
cemetery	(M) **цвинтар** (tsvyntar)
gender	(F) **стать** (stat')
urn	(F) **поховальна урна** (pokhoval'na urna)
orphan	(F) **сирота** (syrota)
corpse	(M) **труп** (trup)
coffin	(F) **труна** (truna)
retirement	(M) **вихід на пенсію** (vykhid na pensiyu)
funeral	(M) **похорон** (pokhoron)
honeymoon	(M) **медовий місяць** (medovyy misyats')
wedding ring	(F) **весільна обручка** (vesil'na obruchka)
lovesickness	(F) **любовна туга** (lyubovna tuha)
vocational training	(F) **професійна підготовка** (profesiyna pidhotovka)
high school	(F) **старша школа** (starsha shkola)

junior school	(F) молодша школа (molodsha shkola)
twins	(PL) близнюки (blyznyuky)
primary school	(F) початкова школа (pochatkova shkola)
kindergarten	(M) дитячий садок (dytyachyy sadok)
birth	(N) народження (narodzhennya)
birth certificate	(N) свідоцтво про народження (svidotstvo pro narodzhennya)
hand brake	(N) ручне гальмо (ruchne hal'mo)
battery	(M) акумулятор (akumulyator)
motor	(M) двигун (dvyhun)
windscreen wiper	(M) двірники (dvirnyky)
GPS	(M) GPS (GPS)
airbag	(F) подушка безпеки (podushka bezpeky)
horn	(M) гудок (hudok)
clutch	(N) зчеплення (zcheplennya)
brake	(N) гальмо (hal'mo)
throttle	(M) газ (haz)
steering wheel	(N) кермо (kermo)
petrol	(M) бензин (benzyn)
diesel	(M) дизель (dyzel')
seatbelt	(M) ремінь безпеки (remin' bezpeky)
bonnet	(M) капот (kapot)
tyre	(F) шина (shyna)
rear trunk	(M) багажник (bahazhnyk)
railtrack	(F) залізнична колія (zaliznychna koliya)
ticket vending machine	(M) квитковий автомат (kvytkovyy avtomat)

ticket office	(F) **каса** (kasa)
subway	(N) **метро** (metro)
high-speed train	(M) **швидкісний поїзд** (shvydkisnyy poyizd)
locomotive	(M) **локомотив** (lokomotyv)
platform	(M) **перон** (peron)
tram	(M) **трамвай** (tramvay)
school bus	(M) **шкільний автобус** (shkil'nyy avtobus)
minibus	(M) **мікроавтобус** (mikroavtobus)
fare	(F) **вартість проїзду** (vartist' proyizdu)
timetable	(M) **розклад** (rozklad)
airport	(M) **аеропорт** (aeroport)
departure	(N) **відправлення** (vidpravlennya)
arrival	(N) **прибуття** (prybuttya)
customs	(F) **митниця** (mytnytsya)
airline	(F) **авіакомпанія** (aviakompaniya)
helicopter	(M) **гелікоптер** (helikopter)
check-in desk	(F) **стійка реєстрації** (stiyka reyestratsiyi)
carry-on luggage	(F) **ручна поклажа** (ruchna poklazha)
first class	(M) **перший клас** (pershyy klas)
economy class	(M) **економ-клас** (ekonom-klas)
business class	(M) **бізнес-клас** (biznes-klas)
emergency exit (on plane)	(M) **аварійний вихід** (avariynyy vykhid)
aisle	(M) **прохід** (prokhid)
window (in plane)	(N) **вікно** (vikno)
row	(M) **ряд** (ryad)

1476 - 1500

wing	(N) **крило** (krylo)
engine	(M) **двигун** (dvyhun)
cockpit	(F) **кабіна** (kabina)
life jacket	(M) **рятувальний жилет** (ryatuval'nyy zhylet)
container	(M) **контейнер** (konteyner)
submarine	(M) **підводний човен** (pidvodnyy choven)
cruise ship	(M) **круїзний лайнер** (kruyiznyy layner)
container ship	(M) **контейнеровоз** (konteynerovoz)
yacht	(F) **яхта** (yakhta)
ferry	(M) **паром** (parom)
harbour	(M) **порт** (port)
lifeboat	(F) **рятувальна шлюпка** (ryatuval'na shlyupka)
radar	(M) **радар** (radar)
anchor	(M) **якір** (yakir)
life buoy	(M) **рятувальний круг** (ryatuval'nyy kruh)
street light	(N) **вуличне освітлення** (vulychne osvitlennya)
pavement	(M) **тротуар** (trotuar)
petrol station	(F) **заправка** (zapravka)
construction site	(M) **будівельний майданчик** (budivel'nyy maydanchyk)
speed limit	(N) **обмеження швидкості** (obmezhennya shvydkosti)
pedestrian crossing	(M) **пішохідний перехід** (pishokhidnyy perekhid)
one-way street	(F) **вулиця з одностороннім рухом** (vulytsya z odnostoronnim rukhom)
toll	(F) **плата** (plata)
intersection	(N) **перехрестя** (perekhrestya)
traffic jam	(M) **затор** (zator)

motorway	(F) автомагістраль (avtomahistral′)
tank	(M) танк (tank)
road roller	(M) дорожній каток (dorozhniy katok)
excavator	(M) екскаватор (ekskavator)
tractor	(M) трактор (traktor)
air pump	(M) насос (nasos)
chain	(M) ланцюг (lantsyuh)
jack	(M) домкрат (domkrat)
trailer	(M) причіп (prychip)
motor scooter	(M) моторолер (motoroler)
cable car	(F) канатна дорога (kanatna doroha)
guitar	(F) гітара (hitara)
drums	(F) ударна установка (udarna ustanovka)
keyboard (music)	(M) синтезатор (syntezator)
trumpet	(F) труба (truba)
piano	(N) фортепіано (fortepiano)
saxophone	(M) саксофон (saksofon)
violin	(F) скрипка (skrypka)
concert	(M) концерт (kontsert)
note (music)	(F) нота (nota)
opera	(F) опера (opera)
orchestra	(M) оркестр (orkestr)
rap	(M) реп (rep)
classical music	(F) класична музика (klasychna muzyka)
folk music	(F) народна музика (narodna muzyka)

rock (music)	(M) рок (rok)
pop	(M) поп (pop)
jazz	(M) джаз (dzhaz)
theatre	(M) театр (teatr)
brush (to paint)	(M) пензель (penzel')
samba	(F) самба (samba)
rock 'n' roll	(M) рок-н-рол (rok-n-rol)
Viennese waltz	(M) Віденський вальс (Videns'kyy val's)
tango	(N) танго (tanho)
salsa	(F) сальса (sal'sa)
alphabet	(M) алфавіт (alfavit)
novel	(M) роман (roman)
text	(M) текст (tekst)
heading	(M) заголовок (zaholovok)
character	(M) персонаж (personazh)
letter (like a, b, c)	(F) літера (litera)
content	(M) зміст (zmist)
photo album	(M) фотоальбом (fotoal'bom)
comic book	(F) книга коміксів (knyha komiksiv)
sports ground	(M) спортивний майданчик (sportyvnyy maydanchyk)
dictionary	(M) словник (slovnyk)
term	(M) семестр (semestr)
notebook	(M) зошит (zoshyt)
blackboard	(F) дошка (doshka)
schoolbag	(M) портфель (portfel')

school uniform	(F) шкільна форма	(shkil'na forma)
geometry	(F) геометрія	(heometriya)
politics	(F) політика	(polityka)
philosophy	(F) філософія	(filosofiya)
economics	(F) економіка	(ekonomika)
physical education	(F) фізична культура	(fizychna kul'tura)
biology	(F) біологія	(biolohiya)
mathematics	(F) математика	(matematyka)
geography	(F) географія	(heohrafiya)
literature	(F) література	(literatura)
Arabic	(F) арабська мова	(arabs'ka mova)
German	(F) німецька мова	(nimets'ka mova)
Japanese	(F) японська мова	(yapons'ka mova)
Mandarin	(F) китайська мова	(kytays'ka mova)
Spanish	(F) іспанська мова	(ispans'ka mova)
chemistry	(F) хімія	(khimiya)
physics	(F) фізика	(fizyka)
ruler	(F) лінійка	(liniyka)
rubber	(F) гумка	(humka)
scissors	(PL) ножиці	(nozhytsi)
adhesive tape	(M) скотч	(skotch)
glue	(M) клей	(kley)
ball pen	(F) кулькова ручка	(kul'kova ruchka)
paperclip	(F) скріпка для паперу	(skripka dlya paperu)
100%	сто відсотків	(sto vidsotkiv)

1576 - 1600

0%	нуль відсотків (nul' vidsotkiv)
cubic meter	(M) кубічний метр (kubichnyy metr)
square meter	(M) квадратний метр (kvadratnyy metr)
mile	(F) миля (mylya)
meter	(M) метр (metr)
decimeter	(M) дециметр (detsymetr)
centimeter	(M) сантиметр (santymetr)
millimeter	(M) міліметр (milimetr)
addition	(N) додавання (dodavannya)
subtraction	(N) віднімання (vidnimannya)
multiplication	(N) множення (mnozhennya)
division	(N) ділення (dilennya)
fraction	(M) дріб (drib)
sphere	(F) сфера (sfera)
width	(F) ширина (shyryna)
height	(F) висота (vysota)
volume	(M) об'єм (ob'yem)
curve	(F) крива (kryva)
angle	(M) кут (kut)
straight line	(F) пряма лінія (pryama liniya)
pyramid	(F) піраміда (piramida)
cube	(M) куб (kub)
rectangle	(M) прямокутник (pryamokutnyk)
triangle	(M) трикутник (trykutnyk)
radius	(M) радіус (radius)

watt	(M) ват (vat)
ampere	(M) ампер (amper)
volt	(M) вольт (vol't)
force	(F) сила (syla)
liter	(M) літр (litr)
milliliter	(M) мілілітр (mililitr)
ton	(F) тонна (tonna)
kilogram	(M) кілограм (kilohram)
gram	(M) грам (hram)
magnet	(M) магніт (mahnit)
microscope	(M) мікроскоп (mikroskop)
funnel	(F) воронка (voronka)
laboratory	(F) лабораторія (laboratoriya)
canteen	(F) їдальня (yidal'nya)
lecture	(F) лекція (lektsiya)
scholarship	(F) стипендія (stypendiya)
diploma	(M) диплом (dyplom)
lecture theatre	(F) лекційна зала (lektsiyna zala)
3.4	три цілих чотири десятих (try tsilykh chotyry desyatykh)
3 to the power of 5	3 у 5-му ступені (3 u 5-mu stupeni)
4 / 2	чотири поділити на два (chotyry podilyty na dva)
1 + 1 = 2	один плюс один дорівнює два (odyn plyus odyn dorivnyuye dva)
full stop	(F) крапка (krapka)
6^3	шість в кубі (shist' v kubi)
4^2	чотири в квадраті (chotyry v kvadrati)

contact@pinhok.com	зверніться до pinhok крапка com (zvernit'sya do pinhok krapka com)
&	і (i)
/	(M) слеш (slesh)
()	(F) дужка (duzhka)
semicolon	(F) крапка з комою (krapka z komoyu)
comma	(F) кома (koma)
colon	(F) двокрапка (dvokrapka)
www.pinhok.com	дабл ю дабл ю дабл ю крапка пінхок крапка ком (dabl yu dabl yu dabl yu krapka pinhok krapka kom)
underscore	(N) нижнє підкреслення (nyzhnye pidkreslennya)
hyphen	(M) дефіс (defis)
3 - 2	три мінус два (try minus dva)
apostrophe	(M) апостроф (apostrof)
2 x 3	два помножити на три (dva pomnozhyty na try)
1 + 2	один плюс два (odyn plyus dva)
exclamation mark	(M) знак оклику (znak oklyku)
question mark	(M) знак питання (znak pytannya)
space	(M) пробіл (probil)
soil	(M) грунт (hrunt)
lava	(F) лава (lava)
coal	(N) вугілля (vuhillya)
sand	(M) пісок (pisok)
clay	(F) глина (hlyna)
rocket	(F) ракета (raketa)
satellite	(M) супутник (suputnyk)
galaxy	(F) галактика (halaktyka)

asteroid	(M) астероїд (asteroyid)
continent	(M) континент (kontynent)
equator	(M) екватор (ekvator)
South Pole	(M) Південний полюс (Pivdennyy polyus)
North Pole	(M) Північний полюс (Pivnichnyy polyus)
stream	(M) струмок (strumok)
rainforest	(M) тропічний ліс (tropichnyy lis)
cave	(F) печера (pechera)
waterfall	(M) водоспад (vodospad)
shore	(M) берег (bereh)
glacier	(M) льодовик (l'odovyk)
earthquake	(M) землетрус (zemletrus)
crater	(M) кратер (krater)
volcano	(M) вулкан (vulkan)
canyon	(M) каньйон (kan'yon)
atmosphere	(F) атмосфера (atmosfera)
pole	(M) полюс (polyus)
12 °C	дванадцять градусів за Цельсієм (dvanadtsyat' hradusiv za Tsel'siyem)
0 °C	нуль градусів за Цельсієм (nul' hradusiv za Tsel'siyem)
-2 °C	мінус два градуси за Цельсієм (minus dva hradusy za Tsel'siyem)
Fahrenheit	(F) шкала Фаренгейта (shkala Farenheyta)
centigrade	(F) шкала Цельсія (shkala Tsel'siya)
tornado	(N) торнадо (tornado)
flood	(F) повінь (povin')
fog	(M) туман (tuman)

rainbow	(F) веселка (veselka)
thunder	(M) грім (hrim)
lightning	(F) блискавка (blyskavka)
thunderstorm	(F) гроза (hroza)
temperature	(F) температура (temperatura)
typhoon	(M) тайфун (tayfun)
hurricane	(M) ураган (urahan)
cloud	(F) хмара (khmara)
sunshine	(N) сонячне світло (sonyachne svitlo)
bamboo (plant)	(M) бамбук (bambuk)
palm tree	(F) пальма (pal'ma)
branch	(F) гілка (hilka)
leaf	(M) листок (lystok)
root	(M) корінь (korin')
trunk	(M) стовбур (stovbur)
cactus	(M) кактус (kaktus)
sunflower	(M) соняшник (sonyashnyk)
seed	(N) насіння (nasinnya)
blossom	(M) цвіт (tsvit)
stalk	(N) стебло (steblo)
plastic	(M) пластик (plastyk)
carbon dioxide	(M) вуглекислий газ (vuhlekyslyy haz)
solid	(N) тверде тіло (tverde tilo)
fluid	(F) рідина (ridyna)
atom	(M) атом (atom)

iron	(N) залізо (zalizo)
oxygen	(M) кисень (kysen')
flip-flops	(PL) в'єтнамки (v'yetnamky)
leather shoes	(PL) шкіряні черевики (shkiryani cherevyky)
high heels	(PL) високі підбори (vysoki pidbory)
trainers	(PL) кросівки (krosivky)
raincoat	(M) плащ (plashch)
jeans	(PL) джинси (dzhynsy)
skirt	(F) спідниця (spidnytsya)
shorts	(PL) шорти (shorty)
pantyhose	(PL) колготки (kolhotky)
thong	(PL) стрінги (strinhy)
panties	(PL) трусики (trusyky)
crown	(F) корона (korona)
tattoo	(N) тату (tatu)
sunglasses	(PL) сонцезахисні окуляри (sontsezakhysni okulyary)
umbrella	(F) парасолька (parasol'ka)
earring	(F) сережка (serezhka)
necklace	(N) намисто (namysto)
baseball cap	(F) бейсболка (beysbolka)
belt	(M) ремінь (remin')
tie	(F) краватка (kravatka)
knit cap	(F) в'язана шапка (v'yazana shapka)
scarf	(M) шарф (sharf)
glove	(F) рукавичка (rukavychka)

swimsuit	(M) **купальник** (kupal'nyk)
bikini	(N) **бікіні** (bikini)
swim trunks	(PL) **плавки** (plavky)
swim goggles	(PL) **окуляри для плавання** (okulyary dlya plavannya)
barrette	(F) **заколка** (zakolka)
brunette	(F) **брюнетка** (bryunetka)
blond	(F) **блондинка** (blondynka)
bald head	(F) **лиса голова** (lysa holova)
straight (hair)	**пряме** (pryame)
curly	**кучеряве** (kucheryave)
button	(M) **ґудзик** (gudzyk)
zipper	(F) **змійка** (zmiyka)
sleeve	(M) **рукав** (rukav)
collar	(M) **комір** (komir)
polyester	(M) **поліестер** (poliester)
silk	(M) **шовк** (shovk)
cotton	(F) **бавовна** (bavovna)
wool	(F) **шерсть** (sherst')
changing room	(F) **роздягальня** (rozdyahal'nya)
face mask	(F) **маска для обличчя** (maska dlya oblychchya)
perfume	(M) **парфум** (parfum)
tampon	(M) **тампон** (tampon)
nail scissors	(PL) **ножиці для нігтів** (nozhytsi dlya nihtiv)
nail clipper	(PL) **щипці для нігтів** (shchyptsi dlya nihtiv)
hair gel	(M) **гель для волосся** (hel' dlya volossya)

shower gel	(M) гель для душу	(hel' dlya dushu)
condom	(M) презерватив	(prezervatyv)
shaver	(F) електробритва	(elektrobrytva)
razor	(F) бритва	(brytva)
sunscreen	(M) сонцезахисний крем	(sontsezakhysnyy krem)
face cream	(M) крем для обличчя	(krem dlya oblychchya)
brush (for cleaning)	(F) щітка	(shchitka)
nail polish	(M) лак для нігтів	(lak dlya nihtiv)
lip gloss	(M) блиск для губ	(blysk dlya hub)
nail file	(F) пилочка для нігтів	(pylochka dlya nihtiv)
foundation	(M) тональний крем	(tonal'nyy krem)
mascara	(F) туш для вій	(tush dlya viy)
eye shadow	(F) тіні для повік	(tini dlya povik)
warranty	(F) гарантія	(harantiya)
bargain	(F) вигідна покупка	(vyhidna pokupka)
cash register	(M) касовий апарат	(kasovyy aparat)
basket	(M) кошик	(koshyk)
shopping mall	(M) торговий центр	(torhovyy tsentr)
pharmacy	(F) аптека	(apteka)
skyscraper	(M) хмарочос	(khmarochos)
castle	(M) замок	(zamok)
embassy	(N) посольство	(posol'stvo)
synagogue	(F) синагога	(synahoha)
temple	(M) храм	(khram)
factory	(M) завод	(zavod)

mosque	(F) мечеть (mechet')
town hall	(F) мерія (meriya)
post office	(F) пошта (poshta)
fountain	(M) фонтан (fontan)
night club	(M) нічний клуб (nichnyy klub)
bench	(F) лавка (lavka)
golf course	(N) поле для гольфу (pole dlya hol'fu)
football stadium	(M) футбольний стадіон (futbol'nyy stadion)
swimming pool (building)	(M) басейн (baseyn)
tennis court	(M) тенісний корт (tenisnyy kort)
tourist information	(F) інформація для туристів (informatsiya dlya turystiv)
casino	(N) казино (kazyno)
art gallery	(F) художня галерея (khudozhnya halereya)
museum	(M) музей (muzey)
national park	(M) національний парк (natsional'nyy park)
tourist guide	(M) туристичний гід (turystychnyy hid)
souvenir	(M) сувенір (suvenir)
alley	(M) провулок (provulok)
dam	(F) дамба (damba)
steel	(F) сталь (stal')
crane	(M) підйомний кран (pidyomnyy kran)
concrete	(M) бетон (beton)
scaffolding	(N) риштування (ryshtuvannya)
brick	(F) цегла (tsehla)
paint	(F) фарба (farba)

nail	(M) цвях (tsvyakh)
screwdriver	(F) викрутка (vykrutka)
tape measure	(F) рулетка вимірювальна (ruletka vymiryuval'na)
pincers	(PL) щипці (shchyptsi)
hammer	(M) молоток (molotok)
drilling machine	(M) дриль (dryl')
aquarium	(M) акваріум (akvarium)
water slide	(F) водяна гірка (vodyana hirka)
roller coaster	(PL) американські гірки (amerykans'ki hirky)
water park	(M) аквапарк (akvapark)
zoo	(M) зоопарк (zoopark)
playground	(M) дитячий майданчик (dytyachyy maydanchyk)
slide	(F) дитяча гірка (dytyacha hirka)
swing	(F) гойдалка (hoydalka)
sandbox	(F) пісочниця (pisochnytsya)
helmet	(M) шолом (sholom)
uniform	(F) уніформа (uniforma)
fire (emergency)	(F) пожежа (pozhezha)
emergency exit (in building)	(M) аварійний вихід (avariynyy vykhid)
fire alarm	(F) пожежна тривога (pozhezhna tryvoha)
fire extinguisher	(M) вогнегасник (vohnehasnyk)
police station	(F) поліцейська дільниця (politseys'ka dil'nytsya)
state	(M) штат (shtat)
region	(F) область (oblast')
capital	(F) столиця (stolytsya)

visitor	(M) відвідувач (vidviduvach)
emergency room	(M) пункт швидкої допомоги (punkt shvydkoyi dopomohy)
intensive care unit	(N) відділення інтенсивної терапії (viddilennya intensyvnoyi terapiyi)
outpatient	(F) амбулаторія (ambulatoriya)
waiting room	(F) приймальня (pryymal'nya)
aspirin	(M) аспірин (aspiryn)
sleeping pill	(N) снодійне (snodiyne)
expiry date	(M) термін придатності (termin prydatnosti)
dosage	(N) дозування (dozuvannya)
cough syrup	(M) сироп від кашлю (syrop vid kashlyu)
side effect	(M) побічний ефект (pobichnyy efekt)
insulin	(M) інсулін (insulin)
powder	(M) порошок (poroshok)
capsule	(F) капсула (kapsula)
vitamin	(M) вітамін (vitamin)
infusion	(F) крапельниця (krapel'nytsya)
painkiller	(N) знеболювальне (znebolyuval'ne)
antibiotics	(PL) антибіотики (antybiotyky)
inhaler	(M) інгалятор (inhalyator)
bacterium	(F) бактерія (bakteriya)
virus	(M) вірус (virus)
heart attack	(M) серцевий напад (sertsevyy napad)
diarrhea	(F) діарея (diareya)
diabetes	(M) діабет (diabet)
stroke	(M) інсульт (insul't)

asthma	(F) астма (astma)
cancer	(M) рак (rak)
nausea	(F) нудота (nudota)
flu	(M) грип (hryp)
toothache	(M) зубний біль (zubnyy bil')
sunburn	(M) сонячний опік (sonyachnyy opik)
poisoning	(N) отруєння (otruyennya)
sore throat	(M) біль у горлі (bil' u horli)
hay fever	(F) сінна лихоманка (sinna lykhomanka)
stomach ache	(M) біль у животі (bil' u zhyvoti)
infection	(F) інфекція (infektsiya)
allergy	(F) алергія (alerhiya)
cramp	(F) судома (sudoma)
nosebleed	(F) носова кровотеча (nosova krovotecha)
headache	(M) головний біль (holovnyy bil')
spray	(M) спрей (sprey)
syringe (tool)	(M) шприц (shpryts)
needle	(F) голка (holka)
dental brace	(PL) брекети (brekety)
crutch	(F) милиця (mylytsya)
X-ray photograph	(M) рентген (renthen)
ultrasound machine	(M) ультразвуковий апарат (ul'trazvukovyy aparat)
plaster	(M) пластир (plastyr)
bandage	(F) пов'язка (pov'yazka)
wheelchair	(F) інвалідна коляска (invalidna kolyaska)

1876 - 1900

blood test	(M) аналіз крові (analiz krovi)
cast	(F) гіпсова пов'язка (hipsova pov'yazka)
fever thermometer	(M) термометр (termometr)
pulse	(M) пульс (pul's)
injury	(F) травма (travma)
emergency	(F) надзвичайна ситуація (nadzvychayna sytuatsiya)
concussion	(M) струс мозку (strus mozku)
suture	(M) шов (shov)
burn	(M) опік (opik)
fracture	(M) перелом (perelom)
meditation	(F) медитація (medytatsiya)
massage	(M) масаж (masazh)
birth control pill	(F) протизаплідна таблетка (protyzaplidna tabletka)
pregnancy test	(M) тест на вагітність (test na vahitnist')
tax	(M) податок (podatok)
meeting room	(M) конференц-зал (konferents-zal)
business card	(F) візитка (vizytka)
IT	(M) відділ інформаційних технологій (viddil informatsiynykh tekhnolohiy)
human resources	(M) відділ кадрів (viddil kadriv)
legal department	(M) юридичний відділ (yurydychnyy viddil)
accounting	(F) бухгалтерія (bukhhalteriya)
marketing	(M) маркетинг (marketynh)
sales	(M) продаж (prodazh)
colleague	(M) колега (koleha)
employer	(M) роботодавець (robotodavets')

employee	(M) **працівник** (pratsivnyk)
note (information)	(F) **записка** (zapyska)
presentation	(F) **презентація** (prezentatsiya)
folder (physical)	(F) **папка з файлами** (papka z faylamy)
rubber stamp	(M) **штамп** (shtamp)
projector	(M) **проектор** (proektor)
text message	(N) **текстове повідомлення** (tekstove povidomlennya)
parcel	(M) **пакунок** (pakunok)
stamp	(F) **марка** (marka)
envelope	(M) **конверт** (konvert)
prime minister	(M) **прем'єр-міністр** (prem'yer-ministr)
pharmacist	(M) **аптекар** (aptekar)
firefighter	(M) **пожежник** (pozhezhnyk)
dentist	(M) **стоматолог** (stomatoloh)
entrepreneur	(M) **підприємець** (pidpryyemets')
politician	(M) **політик** (polityk)
programmer	(M) **програміст** (prohramist)
stewardess	(F) **стюардеса** (styuardesa)
scientist	(M) **вчений** (vchenyy)
kindergarten teacher	(M) **вихователь дитячого садка** (vykhovatel' dytyachoho sadka)
architect	(M) **архітектор** (arkhitektor)
accountant	(M) **бухгалтер** (bukhhalter)
consultant	(M) **консультант** (konsul'tant)
prosecutor	(M) **прокурор** (prokuror)
general manager	(M) **генеральний менеджер** (heneral'nyy menedzher)

1926 - 1950

bodyguard	(M) особистий охоронець (osobystyy okhoronets')
landlord	(M) орендодавець (orendodavets')
conductor	(M) провідник (providnyk)
waiter	(M) офіціант (ofitsiant)
security guard	(M) охоронець (okhoronets')
soldier	(M) солдат (soldat)
fisherman	(M) рибалка (rybalka)
cleaner	(M) прибиральник (prybyral'nyk)
plumber	(M) сантехнік (santekhnik)
electrician	(M) електрик (elektryk)
farmer	(M) фермер (fermer)
receptionist	(M) портьє (port'ye)
postman	(M) листоноша (lystonosha)
cashier	(M) касир (kasyr)
hairdresser	(M) перукар (perukar)
author	(M) автор (avtor)
journalist	(M) журналіст (zhurnalist)
photographer	(M) фотограф (fotohraf)
thief	(M) злодій (zlodiy)
lifeguard	(M) рятувальник (ryatuval'nyk)
singer	(M) співак (spivak)
musician	(M) музикант (muzykant)
actor	(M) актор (aktor)
reporter	(M) репортер (reporter)
coach (sport)	(M) тренер (trener)

referee	(M) рефері (referi)
folder (computer)	(F) папка (papka)
browser	(M) браузер (brauzer)
network	(F) мережа (merezha)
smartphone	(M) смартфон (smartfon)
earphone	(M) навушник (navushnyk)
mouse (computer)	(F) миша (mysha)
keyboard (computer)	(F) клавіатура (klaviatura)
hard drive	(M) жорсткий диск (zhorstkyy dysk)
USB stick	(F) флешка (fleshka)
scanner	(M) сканер (skaner)
printer	(M) принтер (prynter)
screen (computer)	(M) екран (ekran)
laptop	(M) ноутбук (noutbuk)
fingerprint	(M) відбиток пальця (vidbytok pal'tsya)
suspect	(M) підозрюваний (pidozryuvanyy)
defendant	(M) відповідач (vidpovidach)
investment	(F) інвестиція (investytsiya)
stock exchange	(F) фондова біржа (fondova birzha)
share	(F) акція (aktsiya)
dividend	(M) дивіденд (dyvidend)
pound	(M) фунт (funt)
euro	(N) євро (yevro)
yen	(F) єна (yena)
yuan	(M) юань (yuan')

1976 - 2000

dollar	(M) долар (dolar)
note (money)	(F) банкнота (banknota)
coin	(F) монета (moneta)
interest	(M) відсоток (vidsotok)
loan	(F) позика (pozyka)
account number	(M) номер рахунку (nomer rakhunku)
bank account	(M) банківський рахунок (bankivs'kyy rakhunok)
world record	(M) світовий рекорд (svitovyy rekord)
stopwatch	(M) секундомір (sekundomir)
medal	(F) медаль (medal')
cup (trophy)	(M) кубок (kubok)
robot	(M) робот (robot)
cable	(M) кабель (kabel')
plug	(M) штекер (shteker)
loudspeaker	(M) гучномовець (huchnomovets')
vase	(F) ваза (vaza)
lighter	(F) запальничка (zapal'nychka)
package	(F) упаковка (upakovka)
tin	(F) бляшанка (blyashanka)
water bottle	(F) пляшка води (plyashka vody)
candle	(F) свічка (svichka)
torch	(M) ліхтарик (likhtaryk)
cigarette	(F) сигарета (syhareta)
cigar	(F) сигара (syhara)
compass	(M) компас (kompas)

9 781986 808927